utb 4551

Eine Arbeitsgemeinschaft der Verlage

Böhlau Verlag · Wien · Köln · Weimar
Verlag Barbara Budrich · Opladen · Toronto
facultas · Wien
Wilhelm Fink · Paderborn
A. Francke Verlag · Tübingen
Haupt Verlag · Bern
Verlag Julius Klinkhardt · Bad Heilbrunn
Mohr Siebeck · Tübingen
Nomos Verlagsgesellschaft · Baden-Baden
Ernst Reinhardt Verlag · München · Basel
Ferdinand Schöningh · Paderborn
Eugen Ulmer Verlag · Stuttgart
UVK Verlagsgesellschaft · Konstanz, mit UVK/Lucius · München
Vandenhoeck & Ruprecht · Göttingen · Bristol
Waxmann · Münster · New York

Axel Dreyer, Martin Linne

Grundwissen Tourismus-marketing

UVK Verlagsgesellschaft mbH · Konstanz
mit UVK/Lucius · München

Prof. Dr. Axel Dreyer lehrt Tourismusmanagement/ Marketing an der Hochschule Harz.

Dr. Martin Linne war viele Jahre Dozent und ist in der Tourismusberatung und -forschung tätig.

Online-Angebote oder elektronische Ausgaben sind erhältlich unter www.utb-shop.de.

Bibliografische Information der Deutschen Bibliothek
Die Deutsche Bibliothek verzeichnet diese Publikation in der Deutschen Nationalbibliografie; detaillierte bibliografische Daten sind im Internet über <http://dnb.ddb.de> abrufbar.

Lektorat: Rainer Berger
Einbandgestaltung: Atelier Reichert, Stuttgart
Einbandmotiv: © Blickfang · fotolia.com
Druck und Bindung: Pustet, Regensburg

UVK Verlagsgesellschaft mbH
Schützenstr. 24 · 78462 Konstanz
Tel. 07531-9053-0 · Fax 07531-9053-98
www.uvk.de

UTB-Nr. 4551
ISBN 978-3-8252-4551-1 (Print)
ISBN 978-3-8463-4551-1 (EPUB)

An die Leserinnen und Leser!

In diesem Buch wird Ihnen das Grundwissen des Tourismusmarketing präsentiert. Die Idee ist es, die wichtigsten Inhalte kurz und kompakt, aber dennoch vollständig vorzulegen. Einerseits gibt es bereits weitere Literatur zum Tourismusmarketing, denken Sie an das rund 800 Seiten starke Standardwerk von Walter Freyer, andererseits besteht Bedarf in einer schnelllebigen und von einer Informationsflut überhäuften Zeit, sich einen Überblick in kürzerer Zeit verschaffen zu können. Hier setzt das vorliegende Werk an.

Ein Unternehmen kann nur existieren, wenn es kundengerechte Produkte und Dienstleistungen anbietet, die sich gut verkaufen lassen. Die betriebswirtschaftliche Funktion des Marketings umfasst alle Aspekte, in denen es um die Vermarktung geht. Welche Kunden soll ich ansprechen? Welche Strategie ist für mein Unternehmen die richtige? Welche Entscheidungen stehen in der Produkt- und Preispolitik an? Wie werbe ich richtig? Das sind nur einige von vielen Fragen, mit denen sich dieses Buch beschäftigt.

In der Tourismusbranche sind bei der Vermarktung aber einige Besonderheiten zu beachten. So ist z. B. der Kunde an der Erstellung der Dienstleistung unmittelbar beteiligt und übt damit auch selbst Einfluss auf deren Qualität aus. An einer Reise sind zudem mehrere Leistungsträger mit unterschiedlichen unternehmerischen Interessen beteiligt. Aus diesen und weiteren Gründen müssen die üblichen Inhalte der Marketingliteratur ergänzt und auf die Erfordernisse der Tourismusbetriebe und Destinationen angepasst werden. Insbesondere in den → Kap. 2, 3 und 6 finden Sie die entsprechenden Erläuterungen.

Die wichtigsten Fragen des Tourismusmarketings werden kurz und knapp angesprochen. Wir greifen bis auf wenige Ausnahmen mit unseren eigenen Vorstellungen auf das bekannte und weit verbreitete Basiswissen des Marketings zurück. Deshalb finden Sie in diesem Buch (fast) keine Zitate, sondern nur Informationen zu den weiterführenden Quellen und Büchern im Serviceteil. Dies entspricht den Vorstellungen des Verlags für diese Reihe.

Wernigerode und Elmshorn, im Juni 2016

Axel Dreyer und Martin Linne

Inhalt

1 Einführung in das Marketing

Grundlagen

Marketing beschäftigt sich mit der Führung eines Unternehmens oder einer Non-Profit-Organisation (NPO) nach den Erfordernissen des Marktes. Auf der einen Seite stehen die

- **Anbieter** mit ihren Produkten

  und ihnen gegenüber die

- **Nachfrager**, also die Konsumenten bzw. Kunden, die im Tourismus auch als Gäste oder Besucher bezeichnet werden.

> **Märkte** entstehen genau dann, wenn Angebot und Nachfrage zusammentreffen.

Eine konkrete Nachfrage entsteht aus dem **Bedürfnis** eines Kunden (z. B. Hunger), das durch Kaufkraft (also für den Konsum verfügbares Einkommen) zum Bedarf wird, der sich schließlich in einer konkreten Nachfrage äußert (ich will ein Snickers kaufen).

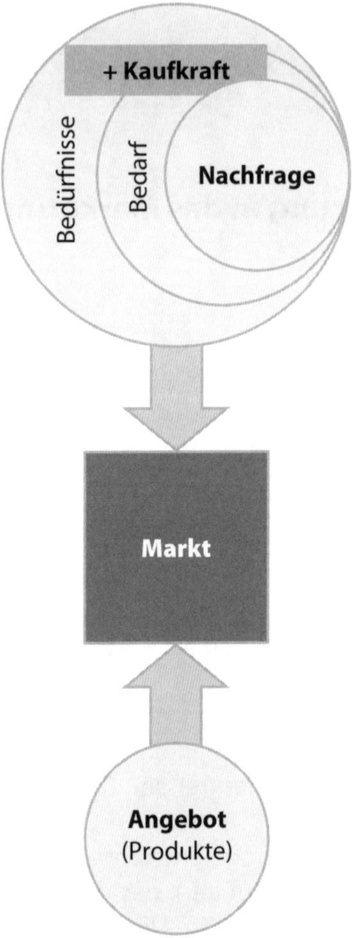

Abb. 1: Entstehung eines Marktes

Marketing folgt einer immer gleichen Grundidee – nämlich etwas zu „vermarkten“. Unterschiede gibt es insbesondere zwischen dem Marketing für Konsumgüter, Produktivgüter und Dienstleistungen. Außerdem gibt es im Marketing auch Branchenunterschiede zu beachten. Der Tourismus ist eine spezielle Dienstleistungsbranche.

Formen des Marketing

Die wesentlichsten Bezugsgruppen des Marketing sind die Konsumenten und die Absatzmittler (u. a. Händler, Reisebüros); Ziel ist letztlich der Verkauf von Produkten und Dienstleistungen, weshalb es Absatzmarketing heißt.

> Unternehmer müssen lernen zu denken, wie der Kunde denkt, damit sie Produkte erzeugen, die sich Kunden wünschen.

✱ Wissen | **Absatzmarketing**

Unter Absatzmarketing versteht man die Planung, Organisation, Durchführung und Kontrolle sämtlicher Unternehmensaktivitäten, die darauf abzielen, durch eine konsequente Ausrichtung des eigenen Leistungsprogramms (Produkte, Dienstleistungen) an den Wünschen der Kunden die am Absatzmarkt orientierten Unternehmensziele zu erreichen.

Ohne Absatzmarketing geht es also nicht. Allerdings gibt es Marktsituationen, in denen ein Unternehmen Absatzaktivitäten (z. B. Werbung) einschränken kann, weil die Nachfrage größer ist als das Angebot. Man spricht von einem **Verkäufermarkt**. Eintrittskarten für das Finale einer Fußballweltmeisterschaft oder Hotelzimmer während einer wichtigen Messe sind Beispiele für sogenannte „knappe Güter".

> **Leitsatz:** Ein knappes Gut ist ein gutes Gut! Es lässt sich einfach verkaufen.

Gegenstück ist der **Käufermarkt**. Das Angebot ist größer als die Nachfrage und es herrscht Wettbewerb um die Gunst der Kunden. Diese Situation ist der **Normalfall**.

Zur Erstellung begehrenswerter Produkte werden sowohl die richtigen Bezugsquellen und Lieferanten benötigt als auch gute Mitarbeiter/-innen. Das Bemühen um die richtigen Produktionsfaktoren und Ressourcen bezeichnet man als **Beschaffungsmarketing** (Beispiel: Ein Reiseveranstalter schnappt seinem Wettbewerber die besten Hotelkapazitäten weg).

In diesem Buch konzentrieren wir uns auf die Absatzseite.

Vom normativen zum operativen Marketing

Abb. 2: Marketing als Methode der Unternehmensführung

Marketing berührt sämtliche Unternehmensaktivitäten. Dies beginnt bei der Grundausrichtung des Unternehmens, den Werten und Normen, die die Basis sämtlicher Handlungen darstellen. Diese werden in Grundsätzen der Unternehmensphilosophie oder **Leitbildern** formuliert.

Ergebnis aller Verhaltensweisen ist eine unverwechselbare Unternehmenspersönlichkeit (**Corporate Identity**). Vorgaben und Handlungen in vier Bereichen (hier jeweils mit Beispielen) prägen das Unternehmen:

- **Corporate Behavior**

  Art des Führungsstils,
  Ausmaß der Kundenorientierung
- **Corporate Communications**

  Werbeversprechen, telefonische Begrüßungsformel, Form der Mitarbeitergespräche
- **Corporate Sense**

  Corporate Design – einheitliches Erscheinungsbild in Farben und Formen, Corporate Sound – akustische Erkennung, Corporate Smell – einheitlich verwendete Düfte
- **Corporate Social Resonsibility**

  nachhaltiges Handeln im Hinblick auf Ökonomie, Ökologie und Soziales, z. B. Integrationsprojekte, Energiesparmaßnahmen, Unterstützung von Kinderschutzorganisationen wie ECPAT

* Praxis | **Studiosus**

Ein sehr anschauliches Beispiel für normatives Marketing ist zu finden unter:

https://www.studiosus.com/Ueber-Studiosus/Unternehmensleitbild

Auf dem Weg zu konkret umsetzbaren Marketingmaßnahmen werden

- im **strategischen Marketing** längerfristige Zielsetzungen (Beispiel: Erhöhung des Bekanntheitsgrades in den nächsten drei Jahren um zehn Prozent) formuliert;
- im **operativen Marketing** (Zeithorizont ein Jahr) werden schließlich die konkreten Maßnahmen realisiert (Beispiel: Schaltung von Werbespots bei Pro7 von Januar bis April).

Homogene (in etwa gleichartige) Maßnahmen werden gedanklich zu einzelnen **Marketinginstrumenten** zusammengefasst. In der Literatur findet man unterschiedliche Zusammenstellungen. Weit verbreitet sind sowohl im Konsumgüter- als auch im Dienstleistungsmarketing die „klassischen" Instrumente:

- Produktpolitik (Product)
- Preispolitik (Price)
- Kommunikationspolitik (Promotion)
- Vertriebspolitik (Place)

Speziell im Dienstleistungsbereich und damit auch im Tourismus kommen (je nach Autor) mindestens drei weitere Instrumente hinzu. Aus der Produktpolitik leiten sich ab:

- Kundenprozessgestaltung (Process)
- Servicepersonal (Personnel)
- Ausstattungspolitik (Physical Evidence)

Im englischsprachigen Raum werden diese Instrumente auch als **die 7Ps** bezeichnet. Die angewendeten Maßnahmen sind der sogenannte **Marketing-Mix**.

Je nach der Denkweise von Autoren werden die 7Ps durch weitere Instrumente ergänzt, z. B. **Packaging** (Bildung von Pauschalen) oder **Partnership** (Kooperationspolitik).

Place (Vertriebspolitik) hat übrigens im Tourismus eine besondere Bedeutung. Neben der Entscheidung auf welchen Wegen die Leistungen abgesetzt werden (→ Kap. 8), kann Place auch für den Ort der Leistungserstellung stehen; für die Reisebuchung kann es z. B. das Reisebüro sein oder auf Reisen das Hotel.

Bei der Darstellung des Marketing-Managementprozesses in → Kap. 4 werden sie übrigens dem strategischen und operativen Marketing wieder begegnen.

✱ Verständnisfragen

Haben Sie alles verstanden? Mit den folgenden Fragen können Sie das Gelernte schnell prüfen:

[1] Als Marketinginstrumente werden in etwa gleichartige, homogene Maßnahmen zusammengefasst.
- ☐ richtig
- ☐ falsch

[2] Leitbilder dienen der Ortbeschilderung in Destinationen.
- ☐ richtig
- ☐ falsch

[3] Erfolgreiches Marketing beginnt mit der Grundausrichtung eines Unternehmens.
- ☐ richtig
- ☐ falsch

[4] Welche Situation beschreibt den Käufermarkt?
- ☐ Angebot > Nachfrage
- ☐ Nachfrage > Angebot

[5] Welches dieser Instrumente zählt NICHT zu den „klassischen" Marketinginstrumenten?
- ☐ Promotion
- ☐ Process
- ☐ Place
- ☐ Product

[6] Marketing kann grundsätzlich nur von profitorientierten Unternehmen betrieben werden.
- ☐ richtig
- ☐ falsch

[7] Marketing kann in zwei Richtungen erfolgen: In Richtung der Absatzmärkte und in Richtung der Beschaffungsmärkte.

- ☐ richtig
- ☐ falsch

✱ Lösungen

Die Lösungen finden Sie online unter
www.utb-shop.de
direkt beim Titel unter „Zusatzmaterial".

2 Tourismusmarketing als spezielles Dienstleistungsmarketing

Makroprozesse und Mikroprozesse

Aus Sicht des Kunden stellt sich die Reise als Gesamterlebnis dar. An einer Reise sind unterschiedliche Leistungsträger beteiligt. Um einen positiven Eindruck der Reise zu hinterlassen, müssen die Leistungsträger mehr oder weniger intensiv zusammenarbeiten. Zum Gesamterlebnis Reise zählen alle **Phasen des Kundenpfades** von der ersten Information im Internet bis zur Rückkehr an den Ausgangsort.

> Dieser Kundenpfad wird häufig als **Customer Journey** bezeichnet oder – wenn man es aus Sicht der Unternehmen betrachtet – als **Servicekette**.

Aus Sicht des Kunden ist die Reise *ein* Produkt. Bei der Pauschalreise eines Reiseveranstalters wird dies deutlicher als bei einer Individualreise. Dennoch gilt in beiden Fällen: Schon die schlechten Leistungen *eines*

Unternehmens können den Eindruck der gesamten Reise nachdrücklich schädigen.

Die folgende, ausführliche Schilderung soll unterstreichen, wie viele Unternehmen an der Erstellung einer Reise beteiligt sein können. Der **Makroprozess Gesamtreise** entsteht durch zahlreiche Mikroprozesse bei den einzelnen Leistungsträgern (fett gedruckt), wobei ein Schwerpunkt des Angebots in der Destination liegt. Diese **Mikroprozesse** sind bei den verschiedenen **Leistungsträgern** offensichtlich sehr unterschiedlich (siehe auch Kapitel 6); durchgesetzt hat sich eine Unterscheidung von Potenzial-, Prozess- und Ergebnisphase (3-Dimensionen-Modell).

* Beispiel | **Customer Journey**

- Ein Kunde informiert sich im Internet über die **Suchmaschine** Google auf verschiedenen **Homepages**,
- lässt sich in einem FIRST-**Reisebüro** in Essen beraten,
- bucht eine Pauschalreise des **Reiseveranstalters** TUI nach Mallorca,
- macht sich auf den Weg mit einem **Zug** der Deutschen Bahn zum **Flughafen** Düsseldorf,
- fliegt mit der **Fluggesellschaft** Air Berlin nach Palma de Mallorca (**Flughafen**),

- wird mit dem **Bus einer Incoming-Agentur**, die für die TUI arbeitet, nach Andratx gebracht und
- steigt im Steigenberger Resort & Spa **Hotel** ab.
- Vor Ort spielt er **Golf**,
- geht in zahlreiche **Restaurants und Bars**,
- kauft Badeutensilien und Souvenirs in verschiedenen **Geschäften**,
- macht einen Ausflug mit einem **Busunternehmen** über die Insel und
- besucht die Aufzeichnung einer **TV-Fernsehshow**.
- Am Ende des Urlaubs fährt er wieder mit dem **Bus** zum **Flughafen** Palma de Mallorca,
- fliegt mit Air Berlin zurück nach Düsseldorf (**Flughafen**) und
- nimmt schließlich ein **Taxi** nach Hause.

In der **Potenzialphase** wird die Fähigkeit und Bereitschaft zur Erbringung einer Dienstleistung entwickelt (Hotel als Gebäude, Personal an der Rezeption etc.). Die **Prozessphase** bezieht sich auf die Tätigkeiten der eigentlichen Leistungserstellung für den Gast (Check-in, Überlassung des Zimmers für die Nacht etc.). In der **Ergebnisphase** werden die Auswirkungen betrachtet (Erholung und Erlebnis des Gastes etc.).

Das Besondere ist, dass jeder der genannten Leistungsträger sein eigenes Marketing betreibt und sich selbst beim Gast positiv darstellen und in Erinnerung bringen will.

Anforderungen der Dienstleistungsmerkmale an das Tourismusmarketing

Dienstleistungen sind **immateriell**. Man kann sie vor dem Kauf nicht ausprobieren. Deshalb ist es besonders wichtig, dass mit Hilfe der Kommunikationspolitik eine positive Vorstellung von einer Reise (oder einem Hotel etc.) erzeugt wird, die zur Buchung anregt.

Dienstleistungen sind **nicht lagerfähig**. Bleibt ein Flugzeugsitz unbesetzt, ist dem Unternehmen der Umsatz entgangen. Mit Preis- und Konditionenpolitik (Yield-Management, Frühbucherrabatt, Last-Minute-Preis) wird versucht, dies zu verhindern.

Das **Uno-actu-Prinzip** erfordert eine sorgfältige Gestaltung der Kundenprozesse unter besonderer Beachtung, wie der Kunde an der Erstellung der Dienstleistung beteiligt ist (**Co-Creation**) und welcher Personaleinsatz sinnvoll bzw. erforderlich ist. Die Integrationsmöglichkeiten des Kunden fallen unterschiedlich aus und sind begrenzt. Beispiel: Bei einem Frühstücksbuffet übernimmt der Gast die Auswahl der Speisen (kognitive Integration) und den Service am Tisch (physische Integration) – das spart Personalkosten.

Häufig sind mehrere Kunden (gleichzeitig) an der Erstellung der Dienstleistung beteiligt und beeinflussen den Prozess gegenseitig.

Die **Standortgebundenheit** hat zunächst eine strategische Komponente (wo soll das Unternehmen seine Leistungen anbieten?). Ist die Standortentscheidung einmal gefallen, müssen Kommunikation und Vertrieb eingesetzt werden, um den Gast in die Location zu locken.

Die **Komplementarität mit anderen Betrieben** wurde bei der Darstellung der Customer Journey deutlich.

> *Das* isolierte Produkt „Tourismus" gibt es nicht. Es besteht immer aus vielen einzelnen Leistungen.

Die Unternehmen müssen verstehen, dass es auf einer Reise sehr viele **Schnittstellen** gibt, die im negativen Fall zu **Schwachstellen** der Servicekette führen. Um die schwachen Glieder der Kette zu stärken, müssen die Tourismusunternehmen grundsätzlich zur Zusammenarbeit bereit sein. Bei einem **kooperativen Verhalten** der Leistungsträger z. B. in einer Destination geht es um so banale Dinge wie ein gegenseitiges Kennenlernen der Leistungsträger, aber auch um gegenseitiges Verstehen (das ist schon weitaus komplexer). Maßnahmen sind z. B. Newsletter, Workshops, lokale Gastgebermessen. In einem weiteren Schritt geht es auch um gemeinschaftliche Angebotsentwicklung. In diesem Zusammenhang sei auf das **Cross-Marketing** verwiesen, zu dem u. a. die Herausgabe von Tourist-Cards, das Co-Branding und auch das Cross-Selling zählen.

Besonderheiten des Tourismusangebots

Standortgebundenheit und Nicht-Lagerfähigkeit machen deutlich, dass das touristische **Angebot relativ starr** ist und kurzfristig nur begrenzt oder gar nicht verändert werden kann (z. B. vorhandene Hotelkapazität, bestehende Flugzeugflotte). Deshalb spielt die Vermarktung (Kommunikation und Vertrieb) im Tourismus eine besondere Rolle.

Dieser Effekt wird von **exogenen Faktoren**, die von den anbietenden Unternehmen nicht veränderbar sind, noch verstärkt. **Natürliche Faktoren** wie Lage, Klima, natürliche Ressourcen in Form von Bergen, Seen etc. stellen ebenso Rahmenbedingungen für das Marketing dar, wie **abgeleitete Faktoren** in Form der Verkehrs- und Tourismusinfrastruktur. Gleiches gilt für wirtschaftliche (Preisniveau, Wechselkurse etc.) und politische Rahmenbedingungen (z. B. Terror führt zu Krisenmarketing).

Großen Einfluss auf das Marketing übt zudem die **Saisonalität** aus. Aufseiten der Nachfrage äußert sie sich vornehmlich im allgemeinen Reise- und Urlaubsverhalten sowie in den **Ferienregelungen** der Quellgebiete. Angebotsseitig spielt das **Klima** eine herausragende Rolle. Alles zusammen sorgt für Hochsaisonzeiten mit großer Nachfrage und hohen Preisen sowie einer Nebensaison mit dem Erfordernis, den Fokus des Marketings auf Kapazitätsauslastung zu richten.

Sonderrolle der Destination im Tourismusmarketing

Standortgebundenheit und exogene Faktoren rücken die Destination als Aufenthaltsort und Zielgebiet für Reisende in den Mittelpunkt des Marketings. Die Destination ist ein aus den genannten exogenen Faktoren bestehendes Angebotssystem, das im internationalen (touristischen) Sprachgebrauch auch als **Terroir** gesehen wird. Beim Terroir-Begriff liegt eine Betonung auf der Kultur in Form von Tradition, Lebenskultur, regionaler Identität und Sprache (Dialekte) einer Region, die hilfreich sind, für eine Differenzierung vom Wettbewerb zu sorgen.

Die touristischen Leistungsträger einer Destination betreiben ihr eigenes Marketing, um Gäste anzulocken. Darüber hinaus müssen sie zusammenarbeiten, um die Destination als Ganzes „aus einem Guss" zu vermarkten.

✱ Wissen | Kooperenz

Für Leistungsträger einer Branche (z. B. Hotels) besteht daher die Herausforderung zu kooperieren, obwohl sich die Betriebe in einer Konkurrenzsituation befinden. Dieses Phänomen wird als „Kooperenz" bezeichnet.

Es entsteht ein übergeordnetes Destinationsmarketing, dem ein **Denken in Netzwerken** zugrunde liegt. Leitende Destinationsmanager werden zu Vermittlern und Moderatoren, die ein kooperatives und zielgerichtetes Handeln ermöglichen und fördern. Diese Form der Führung von Destinationen wird als **Destination Governance** bezeichnet.

Marketing hat in einer Destination zwei Ausrichtungen. **Innenmarketing** ist wichtig für Produktentwicklung, Innovationen und Qualitätssicherung. **Außenmarketing** muss für Bekanntheit und das richtige Image (Markenbildung) durch geeignete Kommunikationspolitik sorgen. Vertriebsaufgaben werden von einzelnen Leistungsträgern oder einer aus dem Destinationsmanagement ausgegliederten privatwirtschaftlichen Vertriebsgesellschaft übernommen.

✱ Verständnisfragen

Haben Sie alles verstanden? Mit den folgenden Fragen können Sie das Gelernte schnell prüfen:

[1] Tourismus ist ein eigenständiges Produkt.
- ☐ richtig
- ☐ falsch

[2] Die Servicekette beschreibt den Dienstleistungsprozess aus Kundensicht.
- ☐ richtig
- ☐ falsch

[3] Unter Terroir versteht man das weitgefasste Angebotssystem einer Destination.
- ☐ richtig
- ☐ falsch

[4] Saisonalität hat weitreichende Konsequenzen für das Marketing im Tourismus.
- ☐ richtig
- ☐ falsch

[5] Welche der folgenden Eigenschaften beschreibt das Angebot des Tourismus NICHT?
- ☐ Immaterialität ☐ Standortgebundenheit
- ☐ Lagerfähigkeit ☐ Kundenintegration

[6] Die moderierende Führung einer Destination unter dem Netzwerkgedanken wird als … bezeichnet.
- ☐ Destination Governance
- ☐ Cooperative Governance

✱ Lösungen

Die Lösungen finden Sie online unter
www.utb-shop.de
direkt beim Titel unter „Zusatzmaterial“.

3 Konsumentenverhalten und Reiseentscheidungen

Konsumentscheidungen im Tourismus können sehr einfach sein (Buchung eines Hotels für eine Städtereise mit dem Auto), aber auch sehr komplex, was am Beispiel einer Familienurlaubsreise verdeutlicht wird: Wie groß ist der Einfluss des Kindes auf die Entscheidung? Sind sich alle Familienmitglieder über das Ziel und die Art der Reise einig oder werden Kompromisse gemacht? Welche Motive liegen der Reise zu Grunde? Erholung und Entspannung für die Eltern und Action für das Kind? Wo geht es hin? Berge oder Meer? Soll es gemeinsame Unternehmungen geben oder ist Kinderbetreuung wichtig? Soll die Unterkunft einen Pool haben oder Strandliegen? Etc.

> Je besser die Kenntnisse der Unternehmen über die einer **Reiseentscheidung** zu Grunde liegenden Vorgänge sind, desto effektiver kann Marketing betrieben werden.

Konsumprozesse im Tourismus

Das bekannteste Modell für Konsumentscheidungen ist das Modell mit **Stimulus** (S) – **Organism** (O) – **Response** (R). Es basiert auf der Überlegung, dass für eine Kaufentscheidung **Anreize (Stimuli)** maßgeblich sind. Diese kommen einerseits aus der (Lebens-)Umwelt des Konsumenten und können somit von den touristischen Leistungsträgern nicht unmittelbar beeinflusst werden (Nachrichten im Fernsehen, Posts bei Facebook, Gespräche mit Freunden, anhaltendes Regenwetter etc.); andererseits stammen Anreize auch aus dem Marketing (interessante Pauschalreise, besonders günstiger Preis, Radiospot etc.).

Es gibt unzählige Stimuli, die auf einen Menschen (O) einwirken und (mehr oder weniger) verarbeitet und (besser oder schlechter) erinnert werden. Verschiedene Wissenschaftsdisziplinen versuchen, dem Phänomen auf die Spur zu kommen. Beispielsweise beschäftigen sich Wirtschaftspsychologen mit dem Image, der Markenbildung oder der Bedeutung von Emotionen in der Kaufentscheidung, Soziologen ergründen den Einfluss von Verwandten, Freunden, Meinungsführern und Werbeikonen, Verhaltensbiologen beschäftigen sich mit den Wirkungen von Farben, Musik etc. und Neurowissenschaftler forschen zur Verarbeitung der Reize im Gehirn.

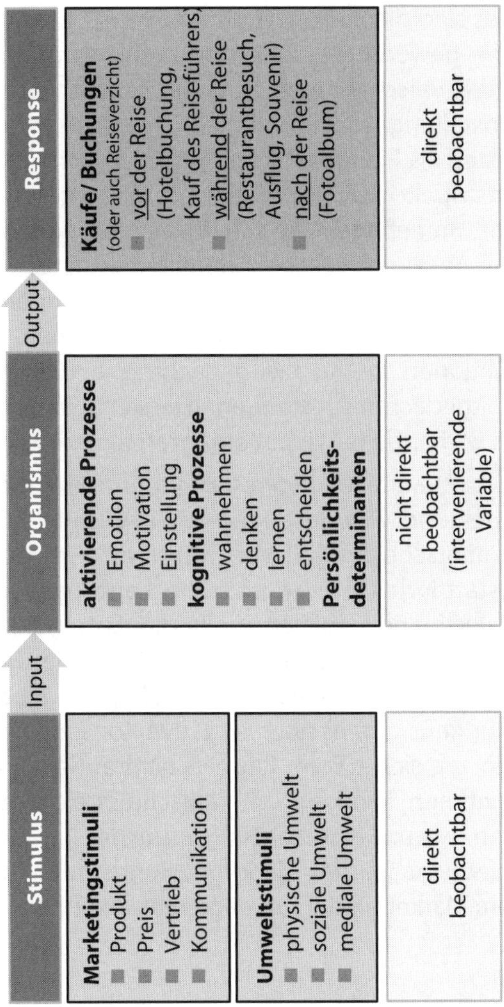

Abb. 3: S-O-R-Modell bei Reiseentscheidungen

Welches sind die Bilder (Emotionen) einer Destination, die eine gewünschte Zielgruppe am besten ansprechen? Wie verschafft man sich beim Kunden eine positive Einstellung („das Hotel mag ich“)? Wie wirbt man am besten als Fluggesellschaft um ängstliche (Persönlichkeitsaspekt) Kunden? Wie leitet man Interessenten auf eine Homepage? Wie schafft man es, dass der Leser eine Anzeige zwei Sekunden lang anschaut, damit überhaupt die Chance besteht, etwas davon bewusst wahrzunehmen? Wie muss sie gestaltet sein, damit Informationen ins Kurzzeitgedächtnis und sogar ins Langzeitgedächtnis gelangen (Denken), wo sie das bereits vorhandene Wissen ergänzen (Lernen)?

Antwort (R) auf alle Fragen gibt im Ergebnis die Kaufentscheidung. Das Besondere im Tourismus ist, dass Konsumentscheidungen vor, während und nach der Reise stattfinden. Für touristische Leistungsträger in einer Destination spielen auch die Entscheidungen während des Aufenthalts eine große Rolle. Restaurants, Stadtführer, Ausflugsveranstalter etc. leben davon. Übrigens gibt es auch negative Konsumentscheidungen, die sich z. B. im Reiseverzicht äußern. Für ein Unternehmen kann es sehr aufschlussreich sein zu erfahren, warum eine Leistung *nicht* bei ihm gekauft oder gebucht wurde (Marktforschungsproblem), um mit dem Marketing darauf reagieren zu können.

Typische Konsumentscheidungen

Es existieren Kaufentscheidungen, die in ihrer Entstehung bei bestimmten Arten von Produkten typisch sind. Die nachstehende Abbildung zeigt eine Reihe relevanter Merkmale auf, die mit unterschiedlichen Ausprägungen auf die Kaufentscheidung einwirken.

Bei extensiven Konsumentscheidungen, wie einer Fernreise, ist das Involvement beispielsweise meist hoch, die Kaufhäufigkeit jedoch eher gering.

Im Grunde genommen sind vier Formen der Kaufentscheidung/Produkttypen bekannt.

- **Extensive** Entscheidungen sind dadurch gekennzeichnet, dass eine starke kognitive Kontrolle besteht. Es müssen erst einmal Kriterien gesucht werden, nach denen man entscheidet; erst dann kann man sich auf die Suche nach Angeboten machen.
- **Vereinfachte** Kaufentscheidungen liegen vor, wenn Reiseentscheidungen ähnlich verlaufen, z. B. dadurch, dass man in dieselbe Destination reist.
- **Gewohnheitsmäßige** Entscheidungen sind bei Reisen seltener, kommen jedoch vor, wenn z. B. ein Geschäftsreisender das stets genutzte Businesshotel am Standort der Tochterfirma immer wieder bucht.
- **Impulsive** Entscheidungen, bei denen die kognitive Steuerung ausgeschaltet ist, sind im Tourismus untypisch; der Spontankauf von Souvenirs könnte annäherungsweise in diese Kategorie fallen.

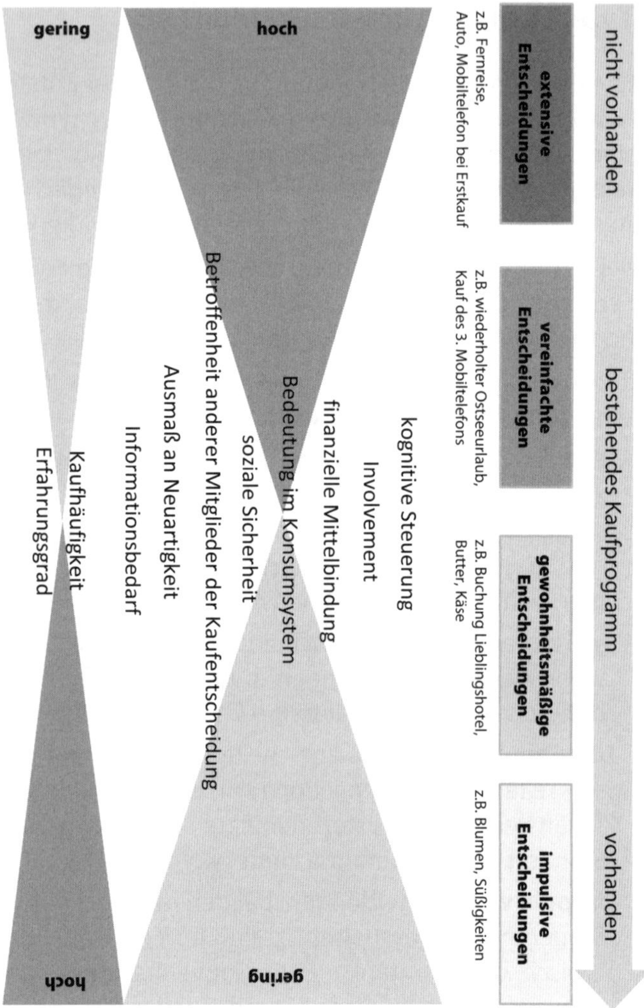

Abb. 4: Kaufentscheidungen nach Produkttypen

Grundtypen von Kaufentscheidungen kann man auch dadurch unterscheiden, ob sie individuell bzw. kollektiv und als Privatkunde bzw. in einer Organisation getroffen werden. Die nachstehende Abbildung gibt Aufschluss darüber.

Tab. 1: Beispiele Kaufentscheidung nach Kundentypen

	individuelle Entscheidung	kollektive Entscheidung
Konsument	Einzelperson bucht ein Hotelzimmer	Familie entscheidet über den gemeinsamen Sommerurlaub
Organisation	Sekretärin bucht Flug für Geschäftsreise	Einkaufsabteilung eines Reiseveranstalters wählt neue Partnerhotels

✱ Verständnisfragen

Haben Sie alles verstanden? Mit den folgenden Fragen können Sie das Gelernte schnell prüfen:

[1] Wie viele Formen der Kaufentscheidungen nach Produkttypen können im Tourismus grundsätzlich unterschieden werden?
☐ 2 ☐ 4 ☐ 3 ☐ 5

[2] Stimuli wirken auf den Konsumenten vor, während und nach der Reise ein.
☐ richtig
☐ falsch

[3] Konkrete Fakten sind im Tourismusmarketing effektiver als Emotionen.
☐ richtig
☐ falsch

✱ Lösungen

Die Lösungen finden Sie online unter
www.utb-shop.de
direkt beim Titel unter „Zusatzmaterial".

4 Marketinganalysen

Bevor es mit der Entwicklung von Strategien und Maßnahmen losgehen kann, muss man sich über die derzeitige Situation im Klaren werden. Deshalb steht am Beginn immer die Ist-Analyse. Welche Aspekte in der Marktforschung betrachtet werden, ist Gegenstand dieses Kapitels.

Marketing-Managementprozess als Vorgehensweise

Das Marketing-Management folgt einem immer gleichen Ablauf, der in der nachstehenden Abbildung dargestellt wird.

Abb. 5, nächste Seite:
Marketing-Managementprozess

Situationsanalyse
strategische Planung
operative Planung
Umsetzung
Kontrolle
1
interne Analyse
Marktanalyse (Kunde, Wettbewerb)
Umfeldanalyse
Fazit „SWOT“: marktbezogene Chancen und Risiken und interne Stärken und Schwächen
2
Zielsetzung
Zielgruppen
strategische Geschäftsfelder/Marketingstrategien
Kosten/Finanzplanung
3
Produktpolitik
Preispolitik
Prozessgestaltung
Personalpolitik
Ausstattungspolitik
Vertrieb
Kommunikation
Marketing-Mixes z. B. Kundenbindungsmarketing, Eventmarketing
4
konkrete Maßnahmen (z. B. Schaltung einer Anzeige)
5
Parallelkontrolle (Controlling)
Ex-Post-Kontrolle
Feedback

Methoden

Die folgende Abbildung gibt einen Überblick über die verschiedenen Bereiche, aus denen **Situationsanalysen** vorgenommen werden.

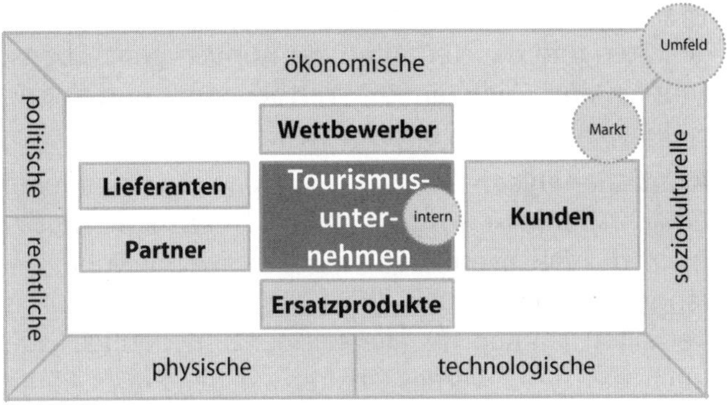

Abb. 6: Situationsanalysen im Überblick

In der **Umfeldanalyse** werden die vom Unternehmen nicht veränderbaren Rahmenbedingungen betrachtet, mit denen man im Marketing „leben" muss. Der **demographische Wandel** (teilweise politisch bedingte soziokulturelle Rahmenbedingungen) beeinflusst beispielsweise die Zusammensetzung der Bevölkerung: Die Zielgruppen der Älteren werden z. B. zahlenmäßig größer und mehr Migranten sorgen für einen zunehmenden „Roots"-Tourismus.

Durch die zunehmende Zahl der Älteren entsteht wiederum ein neuer gesellschaftlicher **Megatrend** „Gesundheit". Aus diesem (und weiteren) lassen sich allgemeine Konsumtrends und damit auch touristische Trends ableiten, die wiederum wichtig für die touristische Produktentwicklung sind (hier z. B. Wellnessangebote, Bio-Hotels, vegane Speisen etc.).

Im Mittelpunkt der Situationsanalysen steht die **Marktforschung**, in der es vor allem um die Eigenschaften und das Verhalten der Kunden geht. Ebenso müssen auch Lieferanten, Wettbewerber und Kooperationspartner analysiert werden.

Kundenanalysen werden unter ganz verschiedenen Gesichtspunkten vorgenommen. Untersucht werden kann das Reiseverhalten (wer reist wann wohin wie lange und zu welchem Preis), das Reise*entscheidungs*verhalten (→ Kap. 3), die Kundenzufriedenheit oder auch das Beschwerdeverhalten. In der Praxis häufig eingesetzt werden Kundenbefragungen, die oft eine Mischung aus Reiseverhalten und Zufriedenheit der anwesenden Gäste analysieren. Diese können auf ganz unterschiedliche Weise durchgeführt werden: persönlich, telefonisch oder schriftlich.

Online-Befragungen („schriftlich") werden als Verbreitungsform immer beliebter; für gute Resultate sind sie jedoch schwieriger (z. B. richtige Stichprobe) als man denkt.

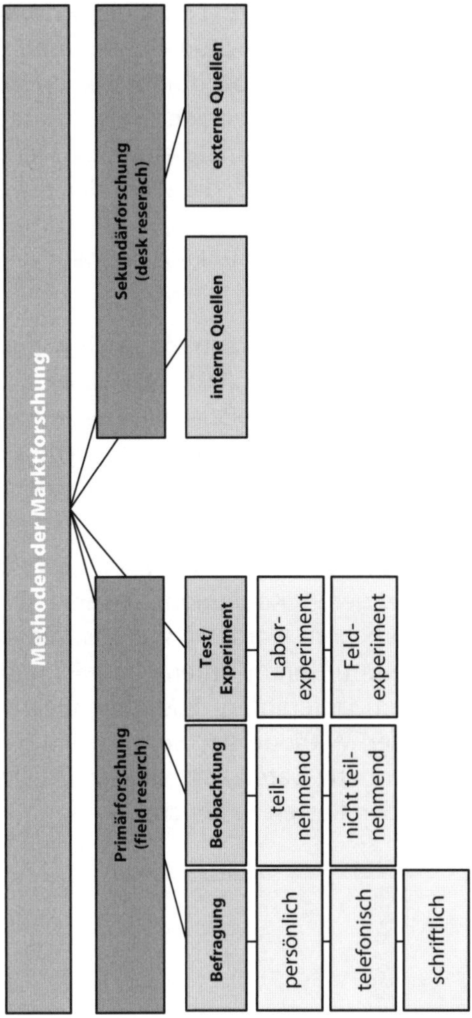

Abb. 7: Marktforschungsmethoden im Überblick

Eine andere, weit verbreitete Form der **Primärforschung** sind Mystery-Guest-Studien, die normalerweise als teilnehmende Beobachtungsstudien durchgeführt werden; sie gehören zu den schnell umsetzbaren und kostengünstigeren Analyseformen. Die kurze Aufzählung zeigt schon, dass die Wahl der richtigen Methoden für die vorhandenen Marketingprobleme aus Kosten-Nutzen-Gesichtspunkten eminent wichtig ist.

In der **Sekundärforschung** kann man sich vorhandener Informationen bedienen (FUR-Reiseanalyse, OSV-Tourismusbarometer, ADAC-Reisemonitor etc.). Die Nutzung interner Quellen sollte auch nicht unterschätzt werden (Absatzstatistiken, Wissen der Vertriebsmitarbeiter über Kundeneigenschaften).

Bezüglich des **Wettbewerbs** ist interessant, wer überhaupt zu den engeren Konkurrenten zählt, welche Kunden angesprochen werden (sind es dieselben Zielgruppen wie in unserem Unternehmen?) und mit welchen Partnern/Lieferanten zusammengearbeitet wird. Mit Hilfe der Methode des Benchmarkings versucht man vorhandene Daten aus externen Quellen zu nutzen, um von den Besten zu lernen.

✱ Wissen | Benchmark

Benchmarking ist ein kontinuierlicher, systematischer Prozess, um Produkte, Dienstleistungen und Arbeitsprozesse von Unternehmen zu beurteilen und im eigenen Unternehmen zu verbessern.

Im Tourismus wird oftmals die **S**trength-**W**eakness-**O**pportunities-**T**hreats-Analyse (**SWOT**) genutzt, um die erarbeiteten Informationen für die Ableitung von Handlungszielen darzustellen. Dabei werden unternehmensinterne Voraussetzungen und Potenziale (*interne* Stärken und Schwächen) den *externen* Möglichkeiten (Marktchancen und -risiken) gegenübergestellt.

	S Strength Auflistung der Stärken	**W** Weakness Auflistung der Schwächen
O Opportunities Auflistung der Chancen	SO-Situation Einsatz von Stärken zur Nutzung von Chancen	WO- Situation Überwindung der eigenen Schwächen durch Nutzung von Chancen
T Threats Auflistung der Risiken	ST-Situation Nutzung der eigenen Stärken zur Abwehr von Markt-bedrohungen	WT-Situation Einschränkung der eigenen Schwächen zur Vermeidung von Marktbedrohungen

Abb. 8: SWOT-Analyse

✱ Verständnisfragen

Haben Sie alles verstanden? Mit den folgenden Fragen können Sie das Gelernte schnell prüfen:

[1] Umfangreiche Analysen sind die Basis des Marketing-Managementprozesses.
- ☐ richtig
- ☐ falsch

[2] Immer wenn ein Kunde erstmals befragt wird, sprechen wir von Primärforschung.
- ☐ richtig
- ☐ falsch

[3] Bei der SWOT-Analyse werden Stärken und Schwächen des Marktes mit betriebsinternen Chancen verglichen.
- ☐ richtig
- ☐ falsch

[4] Nicht jede Methode der Marktforschung eignet sich aus Kosten-Nutzen-Überlegungen für alle Problemstellungen.
- ☐ richtig
- ☐ falsch

[5] Bei Mystery-Guest-Studien werden echte Kunden in künstliche Erlebnissituationen versetzt.
- ☐ richtig
- ☐ falsch

[6] Gesellschaftliche Trends liefern Ansatzpunkte für neue Produkte im Tourismus.
- ☐ richtig
- ☐ falsch

[7] Benchmarking ist ein wettbewerbsorientierter Analyseprozess.

- ☐ richtig
- ☐ falsch

[8] Interne Analysen, Buchhaltungs- und Kundendaten liefern kostengünstige Marketinginformationen.

- ☐ richtig
- ☐ falsch

✱ Lösungen

Die Lösungen finden Sie online unter
www.utb-shop.de
direkt beim Titel unter „Zusatzmaterial".

5 Strategisches Marketing

Aus der normativen Ebene des Marketings (→ Abb. 2) leiten sich die unternehmerischen Ziele auch für den Bereich Marketing ab. Ziele lassen sich mit vielen alternativen Maßnahmen erreichen. Daher ist es sinnvoll, die Stoßrichtung mit Hilfe von Strategien zu kanalisieren.

> ✱ Wissen | **Strategie**
>
> Mit Strategien lassen sich quasi **Leitplanken** errichten, die helfen, Zielvorgaben effizienter zu erreichen, spontane Aktionen einzudämmen oder zu lenken sowie die knappen Mittel im Marketing punktgenauer einzusetzen.

Als Basis stehen vier **Strategieebenen mit Kundenbezug** zur Verfügung:

- **Marktfeldstrategien**
  Entscheidung über Produkt-Markt-Kombinationen (alt vs. neu)

- **Marktstimulierungsstrategien**
  Art und Weise der Marktbeeinflussung
  (Qualität oder Preis)
- **Marktparzellierungsstrategien**
  Differenzierung der Marktbearbeitung
  (uniforme Masse oder Marktsegmente)
- **Marktarealstrategien**
  räumliche Ausrichtung der Aktivitäten
  (lokal, national, international)

Im **Wettbewerb** werden diese **Strategien** eingesetzt:

- **Abhebung**
  Qualitäts-, Innovations- oder Kostenführerschaft
- **Anpassung**
  Me-too-Strategie
  (Konkurrenz nachahmen)
- **Ausweichung**
  Suche nach Marktnischen
- **Kooperation**
  Suche nach passenden Partnern
  zur Verbesserung der Marktstellung

Ausgewählte Strategien

Die besonderen Merkmale der speziellen Dienstleistung Tourismus lassen es nicht zu, die Marketingstrategien des Konsumgütermarketing eins zu eins auf den Tourismus zu übertragen. Das fängt damit an, dass der touristische Anbieter nicht zum Kunden kommt, sondern der Kunde zum Tourismusunternehmen. Absatzmärkte werden im Tourismus daher als **Quellmärkte** bezeichnet.

Kundenstrategien haben bei der Dienstleistung Tourismus deshalb eine zentrale Bedeutung, weil der Kunde während des gesamten Leistungsprozesses anwesend ist. Die Unternehmen stehen vor der Wahl, ob sie die Nachfrager gesamthaft ansprechen oder in ausgewählten Kundengruppen. Die **Marktsegmentierung** erfolgt nach soziodemografischen Kriterien (Alter, Geschlecht, Beruf etc.) oder nach Lebensstilen (z. B. Sinus-Milieus).

> Wellnesshotels sind ein Beispiel einer möglichen Marktsegmentierung. Es wird nicht der gesamte Markt, sondern nur ein spezieller Teil angesprochen. Die Zahl der potenziellen Kunden ist damit einerseits eingeschränkt. Andererseits können deren Wünsche treffender bedient werden.

Oftmals entstehen Marktbeschränkungen schon durch den Standort mit räumlichen und natürlichen Voraussetzungen sowie angebotsspezifischen Merkmalen der Leistungsträger.

> In Mittelgebirgen lassen sich z. B. Angebote für Tourenradler schlechter vermarkten als im Flachland und an Flussläufen.

Nicht jede strategische Option lässt sich gleichermaßen von den verschiedenen **Leistungsträgern** im

Tourismus umsetzen. Das Destinationsmanagement hat andere Optionen als ein Verkehrsunternehmen. Ein familiengeführtes Individualhotel wiederum verfolgt andere strategische Ansätze als ein Hotelkonzern.

Grundsätzlich kann man **vier Marktfeldstrategien** unterscheiden. Beschränkt ein Unternehmen sich darauf, vorhandene Märkte mit vorhandenen Produkten zu bearbeiten, spricht man von

- **Marktdurchdringung**.

Werden die gegenwärtigen Produkte auf neuen Märkten angeboten, wird eine

- **Marktentwicklungsstrategie** verfolgt.
- **Diversifikation** bedeutet, mit neuen Produkten neue Märkte zu erschließen. Bei der Strategie der
- **Produktentwicklung** werden neue Produkte in bekannten und schon bearbeiteten Märkten eingeführt.
- Echte **Innovationen** (neues Produkt) sind im Tourismus allerdings selten anzutreffen. Die Tourismuswirtschaft hat gelernt, technische Entwicklungen zu adaptieren und in die Angebotsentwicklung einfließen zu lassen (z. B. Geocaching).

Als Basisstrategien der **Marktstimulierung** sind die Präferenzstrategie und die Preis-Mengen-Strategie bekannt. Mit der **Präferenzstrategie** setzen Unternehmen auf überdurchschnittliche Qualität, ein hohes Serviceniveau und dementsprechend einen hohen Preis (Risiko, Kundenwüsche zu verfehlen). Dagegen geht es bei der **Preis-Mengen-Strategie** um Kostenvorteile und den Absatz großer Mengen zu einem niedrigen Preis (Risiko des ruinösen Preiswettbewerbs und Zwang zu Innovationen, um die Wettbewerbsvorteile zu erhalten).

* Praxis | **QANTAS und Jetstar**

Im Tourismus kommen beide Strategien vor, manchmal sogar bei Tochtergesellschaften eines Konzerns. So verfolgt bei den australischen Fluggesellschaften QANTAS eine Präferenzstrategie, während Jetstar als Billigairline unterwegs ist.

Von großer unternehmerischer Tragweite sind einige **Kooperationsstrategien**. Während bei **Marketingkooperationen** in der Regel „nur" Teilfunktionen des Marketings auf eine Gemeinschaftsaufgabe verlagert werden, sind die vertraglichen Verpflichtungen beim **Franchising** meist sehr viel enger. Ein Franchise-Geber (Zentrale) sucht sich Franchise-Nehmer (Dienstleister, Leistungsträger), die als rechtlich selbstständige Unternehmer mit eigenem Kapitaleinsatz Produkte/Dienstleistungen unter einem einheitlichen Marketingkonzept anbieten. Einem schnellen und erprobten Marktzugang steht eine hohe Abhängigkeit bei Übernahme des vollen Absatzrisikos gegenüber.

✱ Praxis | **Bekannte Franchising-Beispiele**

Bekannt wurde das Produkt-Franchising durch Coca-Cola und das Dienstleistungs-Franchising durch McDonald's. Auch im Hotelsektor ist Franchising nicht selten (z. B. Best Western, Romantik-Hotels, Familotel).

Eine besondere Form der Zusammenarbeit besteht bei **Strategischen Allianzen**, wie sie im Flugverkehr üblich sind (Star Alliance, oneworld Alliance, Skyteam). Hier liegt eine langfristige und formal vereinbarte Zusammenarbeit mehrerer unabhängiger, rechtlich selbständiger Unternehmen zur gemeinsamen Nutzung von Ressourcen (Flugstrecken/Codesharing, Bodenpersonal, Kundenbindungsprogramme bzw. Meilengutschriften) vor.

✱ Verständnisfragen

Haben Sie alles verstanden? Mit den folgenden Fragen können Sie das Gelernte schnell prüfen:

[1] Mit Marketingstrategien werden unternehmerische Entscheidungen kanalisiert.
- ☐ richtig
- ☐ falsch

[2] Mit Marktfeldstrategien werden ausschließlich geografische Entscheidungen kanalisiert.
- ☐ richtig
- ☐ falsch

[3] Zielgruppengerichtetes Marketing ist Teil der Marktparzellierungsstrategien.
- ☐ richtig
- ☐ falsch

[4] Ein Hotel kann grundsätzlich die Preis-Mengen-Strategie mit der Präferenzstrategie sinnvoll kombinieren.
- ☐ richtig
- ☐ falsch

[5] Marktarealstrategien bilden die Basis des strategischen Marketings.
- ☐ richtig
- ☐ falsch

[6] Was ist Diversifikation? (P=Produkt; M=Märkte)
- ☐ bisherige P/neue M
- ☐ neue P/ neue M
- ☐ bisherige P/bisherige M
- ☐ neue P/bisherige M

✱ Lösungen

Die Lösungen finden Sie online unter
www.utb-shop.de
direkt beim Titel unter „Zusatzmaterial“.

6 Produktpolitik

Kundenzufriedenheit und Servicequalität als Basis der Produktpolitik

Oberstes Ziel der Produktpolitik ist es, Leistungen zu erstellen, die gut verkäuflich sind und beim Kunden Zufriedenheit auslösen. Deshalb ist es wichtig, zunächst die **Kundenperspektive** einzunehmen.

> * Wissen | **Kundenzufriedenheit**
>
> Kundenzufriedenheit entsteht durch den Vergleich der auf der Reise wahrgenommenen Leistungen mit den zuvor gehegten Erwartungen.

Das Marketing (schöne Bilder, Versprechungen im Angebotstext, der Preis als Qualitätsindikator etc.) beeinflusst die **Erwartungshaltung** ebenso wie das persönliche Umfeld des Reisenden und dessen eigene Erfahrungen (→ Konsumprozesse, Kap. 3), nicht zu vergessen die Beschreibungen in Reiseführern, Reisemagazinen und Bewertungsportalen, die eine zunehmend wichtige Rolle im **Empfehlungsmarketing** spielen (z. B. TripAdvisor).

Die Wahrnehmung wird maßgeblich von der Produkt- und Servicequalität der Leistungsträger auf der Reise geprägt, aber auch die Mitreisenden und situative Faktoren wie Wetter, Verkehr oder Baustellen verfehlen ihren Einfluss nicht. Somit ist ein Zusammenhang zwischen Kundenzufriedenheit und Servicequalität festzustellen. Auch wenn Produkt- und Servicequalität nicht die einzigen Faktoren sind, so können sie doch vom touristischen Leistungsträger am besten selbst beeinflusst werden.

* Wissen | **Kundenorientierte Qualität**

Kundenorientierte Qualität bedeutet, Leistungen aufgrund von Kundenerwartungen auf einem bestimmten (nämlich den Erwartungen entsprechenden) Anforderungsniveau zu erstellen.

Das indirekte Ziel guter Qualität ist es, über die Kundenzufriedenheit ein hohes Maß an **Weiterempfehlung**, Wiederbuchung/-kauf und schließlich **Kundenbindung** zu erreichen. Als wichtige „Reparaturmaßnahme" im Falle fehlerhafter Leistungserstellung fungiert das **Beschwerdemanagement**, dessen Bedeutung im Zuge des internetbasierten Empfehlungsmarketings nicht hoch genug eingeschätzt werden kann.

Gestaltung von Sach- und Dienstleistungen

Die Produktgestaltung besteht aus der abgestimmten Gestaltung von Sach- und Dienstleistungen und umfasst alle Maßnahmen, die zur Festlegung oder Veränderung von Produkteigenschaften unter absatzwirtschaftlichen Gesichtspunkten getroffen werden. Neben reinen Sachentscheidungen kommt es auf die Gestaltung der Dienstleistungsinstrumente an (→ Kap. 1).

Ein Beispiel aus der **Gestaltung einer Hotelleistung**: Einerseits gehört das Gebäude mit seiner Lage, Architektur und Fassadengestaltung, Zimmer, Betten, Sanitäreinrichtungen etc. zum Produkt Hotel, andererseits entsteht eine Hotelübernachtung erst durch die Gestaltung zahlreicher Dienstleistungsabläufe.

✱ Beispiel | **Check-in**

Am Beispiel des Check-in sei der Einsatz der Dienstleistungsmarketinginstrumente verdeutlicht:

Process: Gast erreicht die Rezeption und wird eingecheckt.

Personnel: Freundlichkeit des Empfangspersonals, Begrüßungs-„formel", Kompetenz im Umgang mit dem Buchungssystem, Kleidung und Erscheinungsbild etc.

Physical Evidence: Form und Farbe des Empfangstresens, Aussehen der PC-Monitore, Möbel und Bilder im Hintergrund, Sauberkeit etc.

Je austauschbarer Leistungen werden, desto mehr Wert wird auf eine Gestaltung gelegt, die dem Gast positive Erlebnisse ermöglicht. Da Erlebnisse individuell und nur im bzw. über den Kopf stattfinden, geht es um die **Schaffung von Erlebnissituationen**. Grundlage dafür sind funktionierende und kundengerechte Dienstleistungsprozesse. Darüber hinaus wird die gezielte Ansprache aller Sinne (**Multisensorik**) bedeutender (Lichtkonzepte, Beduftung von Räumlichkeiten, Hintergrundmusik etc.). Das aus der Theaterwelt entliehene Prinzip der **Inszenierung** bietet mögliche Gestaltungsansätze.

* Wissen | **Digitalisierung**

Künftig nimmt die Bedeutung digitaler Produkte zu, z. B. Gamification (Stadtführung auf spielerische Art etc.), Geocaching (Wandern als „Schatzsuche" etc.), Virtual Reality (reale Achterbahnfahrt in Verbindung mit einer Datenbrille, die den Mitfahrer in eine Hobbit-Welt versetzt etc.)

Als Ergänzung zur Produktgestaltung wird **Markenpolitik** betrieben, mit deren Hilfe dem Produkt Bekanntheit und ein unverwechselbares, positives Image verliehen werden soll (siehe auch Kommunikation).

Kernprodukt und Serviceniveau

Die Grundfrage der Produktgestaltung lautet: Bietet man ein einfaches Produkt ohne jeden Schnickschnack an oder soll man sich vom Wettbewerb durch einen besonderen Service abheben? Auf den Beherbergungssektor übertragen heißt dies: Budgethotel oder Fünf-Sterne-Luxusherberge?

Zur weiteren Erläuterung dient ein Flug, dessen Grundnutzen im Transport von A nach B besteht. Ohne Check-in und Gepäcktransport als Basisleistungen ist der Flug nicht durchführbar und somit nicht konsumfähig. Wie das Flugzeug aussieht (Sitzabstand, In-Flight-Entertainment, Erhaltungszustand etc.) und welcher Service geleistet wird (Essens- und Getränkeangebot) dienen in Verbindung mit dem Preis zur Differenzierung vom Wettbewerb.

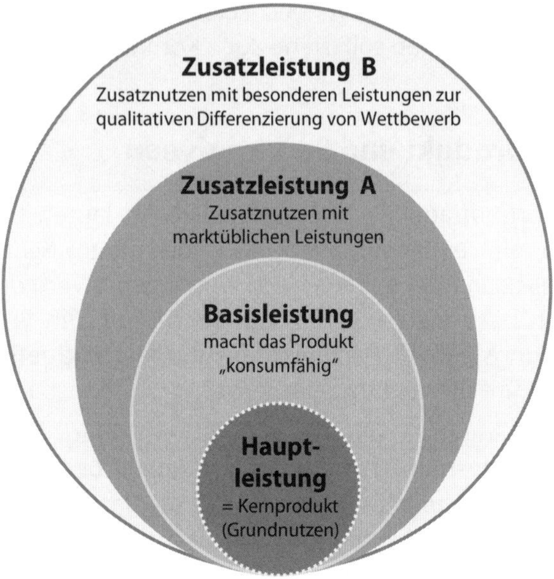

Abb. 9: Vom Kernprodukt zur Zusatzleistung

Das Veranstalterprodukt

Neben den Produkten der einzelnen touristischen Leistungsträger existiert ein weiteres Produkt, nämlich das der Reiseveranstalter. Diese bündeln die Angebote verschiedener Leistungsträger als einzelne Bausteine zu einem neuen, komplexen Produkt, der Pauschalreise. Dies geschieht zunehmend durch Mithilfe des Kunden, der z. B. im Internet einzelne Bausteine zu seiner eigenen, individuellen Pauschalreise zusammensetzt. Dieser Vorgang wird **Dynamic Packaging** genannt.

Die Destination als „Produkt"

Die Destination ist kein Produkt, sondern ein „Angebotssystem", das aus natürlichen und künstlichen (geschaffenen) Elementen besteht (→ Sonderrolle, Kap. 2). Gleichwohl wird sie vom Kunden als Ganzes wahrgenommen. Demnach ist es wichtig, nicht nur die einzelnen Leistungsträger auf Gemeinsamkeiten einzuschwören, sondern auch Infrastruktur und öffentliche Angebote als Teil dieses Angebotssystems zu verstehen.

✱ Beispiel

Der Besuch eines Cafés ist in einer schmuddeligen Fußgängerzone weniger attraktiv als in einer gepflegten.

Das Marketing der Destination Management Organisation (DMO) besteht schwerpunktmäßig aus Kommunikationspolitik. Wichtiges Ziel ist ein positives **Image der Destination**. Dieses wiederum erleichtert es den einzelnen Betrieben, sich zu vermarkten, denn jeder Leistungsträger betreibt in der Destination sein eigenes Marketing.

Die Wahrnehmung einer Destination wird nicht immer von der DMO geprägt, sondern eben auch von einzelnen Leistungsträgern und Reiseveranstaltern, die Reisen in die Destination organisieren. Im Dreiklang der Akteure stellt sich dann die Frage nach der **Marke-**

tingführerschaft in einer Destination: Wer beeinflusst die Wahrnehmung (Image) einer Destination am meisten?

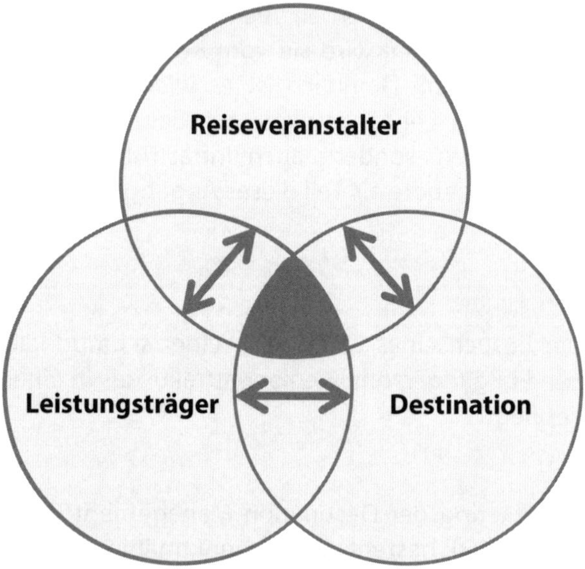

Abb. 10: Akteure des Marketings in Destinationen

✱ Verständnisfragen

Haben Sie alles verstanden? Mit den folgenden Fragen können Sie das Gelernte schnell prüfen:

[1] Das Instrumentarium der Produktpolitik bildet den Kern des operativen Marketings.
☐ richtig
☐ falsch

[2] Die grundlegenden Entscheidungen im Rahmen der Produktpolitik haben keine faktische Wirkung auf andere Marketinginstrumente.
☐ richtig
☐ falsch

[3] Die Pauschalreise ist das Produkt des Reisemittlers.
☐ richtig
☐ falsch

[4] Im Destinationsmarketing ist es besonders wichtig, ein eigenständiges, positives Image zu erzeugen.
☐ richtig
☐ falsch

[5] Markenpolitik ist ein Teil der Produktpolitik.
☐ richtig
☐ falsch

[6] Produktpolitik umfasst ausschließlich die wesentlichen Eigenschaften, den Kern eines Produktes.
☐ richtig
☐ falsch

[7] Marketingführerschaft bedeutet:

- ☐ Wer beeinflusst die Wahrnehmung einer Destination?
- ☐ Wer beeinflusst die Preise einer Destination?

[8] Die Destination Management Organisation (DMO) hat unmittelbaren Einfluss auf jeden Aspekt der Produktpolitik innerhalb der Destination.

- ☐ richtig
- ☐ falsch

✱ Lösungen

Die Lösungen finden Sie online unter
www.utb-shop.de
direkt beim Titel unter „Zusatzmaterial“.

7 Preis- und Konditionenpolitik

Ziele, Strategien, Methoden

Der Preis wird niemals losgelöst betrachtet, sondern steht immer im Zusammenhang mit dem, was für ihn geboten wird. Deshalb hat sich der Begriff des **Preis-Leistungs-Verhältnisses** als Beurteilungsmaßstab herauskristallisiert, mit dessen Hilfe – subjektiv aus Kundensicht – die Preiswürdigkeit eines Produktes festgestellt wird. Ist ein Produkt preiswert, so erhält man die Leistung zu einem vergleichsweise günstigen Preis, ein „billiges" Produkt ist dagegen auch noch von minderer Qualität.

Die Kalkulation ist die Basis der Preisgestaltung. Wesentlich sind das Kernprodukt und die Zusatzleistungen bzw. das Serviceniveau. Die **Preisbildung** orientiert sich aber nicht nur an den Kosten im Unternehmen, sondern auch an den Preisen von Konkurrenzprodukten und der Zahlungsbereitschaft der Konsumenten. Beim **Target Costing** legt man einen Endpreis fest und gestaltet das Produkt so, dass die Kosten gedeckt werden und ein angemessener Gewinnaufschlag übrigbleibt. Zur Erreichung übergeordneter Unternehmensziele (z. B. Erhöhung des Marktanteils) kann man über einen kürzeren Zeitraum eine Niedrigpreispolitik verfolgen. Langfristig zahlt sich eine Discountpolitik jedoch nur aus, wenn gleichzeitig die Kosten entsprechend niedrig gehalten werden.

Als Besonderheit ist die **psychologische Preisgestaltung** anzusehen. Bisweilen lassen sich nämlich extrem hohe Preise bei hohen Deckungsbeiträgen durchsetzen, wenn der Kunde den **Preis als Qualitätsindikator** akzeptiert. Des Weiteren wird die **Methode 99** eingesetzt; aus optischen Gründen bleibt man unterhalb des nächst größeren Preissprungs (299 € statt 307 €).

Elemente der Preis- und Konditionenpolitik

Grundsätzlich muss zwischen den Vereinbarungen der Leistungsproduzenten untereinander (Preise und Konditionen) und der Preispolitik gegenüber den reisenden Konsumenten unterschieden werden. Als Gestaltungselemente stehen zur Verfügung:

- **Grundpreis**
  u.a. Festlegung des Preisniveaus

- **Preiszuschläge**
  für Zusatz- oder Serviceleistungen, die nicht im Grundpreis enthalten sind, wie z. B. eine Hot-Stone-Anwendung im Hotel, ein Bier aus der Minibar oder Stornogebühren etc.
  Sehr unterschiedlich wird es gehandhabt, ob das Frühstück im Übernachtungspreis inbegriffen ist oder nicht. Ist es nicht inkludiert, wirkt der Hotelpreis zunächst niedriger und damit wettbewerbsfähiger.
- **Preisnachlässe**
  z. B. Mengenrabatte für Gruppen
- **Zahlungsbedingungen**
  Zahlungsmittel, Skonto, Valuta
- akzeptierte **Zahlungsmittel**
  insbesondere Barzahlung, Überweisungen, „Internet"-Währungen und Kreditkarten; die weltweit verbreitetsten sind VISA und Mastercard/Eurocard

Im Business-to-Business-Geschäft (B2B) gibt es zusätzlich:

- **Provisionen**
  gilt z. B. für Reiseveranstalter gegenüber Reisemittlern,
- **Boni**
  Rückvergütungen bei erreichten Umsatzzielen

Preisdifferenzierung

Von den Strategien und Maßnahmen der Preisbildung ist touristisch die Betrachtung verschiedener Formen der Preisdifferenzierung besonders interessant. Zu bedenken ist, dass es Preisdifferenzierungen nur für gleichartige Produkte (aus den nachfolgend näher beschriebenen Gründen) gibt. So sind z. B. unterschiedliche Zimmerqualitäten als unterschiedliche Produkte zu verstehen, bei denen keine Preisdifferenzierung, sondern eine Produktdifferenzierung mit einem auf das differenzierte Produkt bezogenen Preis vorliegt.

Möglichkeiten der Preisdifferenzierung sind:

- **Räumliche** Preisdifferenzierung (identische Leistungen werden an unterschiedlichen Orten zu unterschiedlichen Preisen verkauft)
- **Zeitliche** Preisdifferenzierung (Saisonpreise, Frühbucherrabatt, Last-Minute-Preis)
  - eine Besonderheit ist das **Yield-Management** als preisgesteuertes Kapazitätsmanagement auf der Basis zeitlicher Preisdifferenzierung (z. B. bei Fluggesellschaften und Hotels)
- **Mengenrabatt** (Langzeittarif, z. B. vier Monate Winteraufenthalt auf den Balearen, Tages-, Monats-, Jahreskarten etc.)
- **Personen- (Zielgruppen-)** bezogene Preisdifferenzierung (Studenten, Familien, Senioren etc.)

- Preisdifferenzierung nach dem Einsatz **anderer Marketinginstrumente** (v. a. Vertriebskanaldifferenzierung, d. h. identische Leistungen werden über unterschiedliche Vertriebswege zu unterschiedlichen Preisen vertrieben)

* Verständnisfragen

Haben Sie alles verstanden? Mit den folgenden Fragen können Sie das Gelernte schnell prüfen:

[1] Preise entstehen immer als Ergebnis der betriebsinternen Kostenrechnung.
- ☐ richtig
- ☐ falsch

[2] Der Preis ist für viele Kunden zugleich ein Qualitätsindikator.
- ☐ richtig
- ☐ falsch

[3] Wenn eine umfassende Preiskalkulation den Preis von 1.304 € ergibt, dann muss die Pauschalreise auch zu diesem Preis auf dem Markt angeboten werden.
- ☐ richtig
- ☐ falsch

[4] Saisonpreise sind das klassische Tool der zeitlichen Preisdifferenzierung im Tourismus.
- ☐ richtig
- ☐ falsch

[5] Yield-Management umfasst neben der Preisdifferenzierung auch ein zeitliches Kapazitätsmanagement.
- ☐ richtig
- ☐ falsch

[6] Die Klassifizierung des Hotels (z. B. 3 oder 4 Sterne) ist eine Form der Preisdifferenzierung.
- ☐ richtig
- ☐ falsch

✱ Lösungen

Die Lösungen finden Sie online unter
www.utb-shop.de
direkt beim Titel unter „Zusatzmaterial".

8 Vertriebspolitik

Im Konsumgütermarketing werden dem Vertrieb (Synonym: Distribution) alle Maßnahmen zugeordnet, die den direkten oder indirekten Weg der Waren oder Dienstleistungen vom Hersteller zum Konsumenten betreffen.

Diese Form der physischen Distribution existiert im Tourismus nur zum kleinen Teil, wenn Wege von Tickets, Vouchers, Gutscheinen, Zertifikaten oder anderweitig verbrieften Rechten zu Inanspruchnahme der Reise zum Kunden betrachtet werden. Von Ausnahmen abgesehen (Catering, Bringdienste) gelangt die Ware nicht zum Kunden, sondern er begibt sich zum Ort der Leistungserstellung.

Die zentrale Vertriebsfrage ist also: Auf welchen Wegen kann eine Leistung verkauft werden? Hier steht jeder Leistungsträger vor der grundsätzlichen Entscheidung über die Art und Auswahl der Vertriebswege.

Die Basis stellt der **Direktvertrieb** dar. Dafür ist eine eigene Rezeption (im Hotel) oder ein Büro nötig, das mit qualifiziertem Personal, den erforderlichen Kommunikationsmitteln (Telefon, E-Mail, Fax etc.), einem Buchungssystem (möglichst mit Online-Buchungsfunktion) und einer Kasse ausgestattet ist.

> Beim **indirekten Vertrieb** werden die Distributionsaufgaben an externe Dienstleister (z. B. Absatzmittler) übertragen.

Viele Leistungsträger werten Formen des indirekten Vertriebs als kostspielig, weil für sie eine **Provision** anfällt. Diese Provisionen sind messbar (Größenordnung von ca. 8 bis 12 % für Reisebüros, ca. 15 % für Hotelbuchungsportale) und direkt den Umsatzerlösen zurechenbar.

Auch beim direkten Vertrieb fallen Personalkosten, Abschreibungen, Lizenz-, Internet-, Telefongebühren u.v.m. an. Diese Kosten werden erst durch eine exakte Kostenrechnung in den Unternehmen erkannt und stehen dann den Umsätzen gegenüber.

Vertriebswegegestaltung

In der Regel wählen Leistungsträger für den Vertrieb nicht nur einen Weg aus. Viele Vertriebswege werden gleichzeitig, parallel eingesetzt, um den potenziellen Kunden die Leistungen einfach und bequem buchbar zu machen. Dieses **Multi-Channel-Management** erfordert umfassende Kenntnisse über die Möglichkeiten und die Kosten der jeweiligen Vertriebswege.

Elektronische Medien vervielfachen die Möglichkeiten des **indirekten** Vertriebs. Elektronische Schnittstellen (Channel Switches) öffnen die eigenen Buchungssysteme zu den **Global Distribution Systems** (GDS), über die ein Vertrieb in nahezu sämtlichen Buchungsportalen möglich gemacht werden kann (z. B. www.booking.com, www.hrs.de u.v.m.).

Wissen | **Wichtigste Tourismusmesse**

Die wichtigste Messe im Tourismus, die Internationale Tourismus-Börse (ITB) in Berlin, dient sowohl dem B2B-Geschäft (Fachbesuchertage) als auch dem Konsumentenmarketing, wenn am Wochenende die Öffentlichkeit Einlass findet.

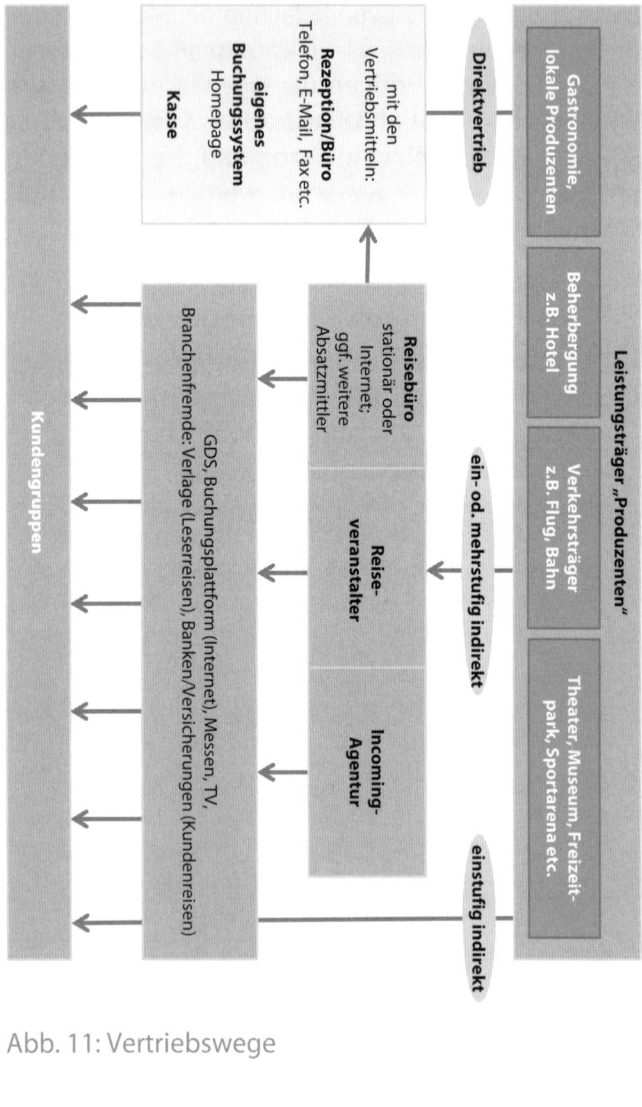

Abb. 11: Vertriebswege

✱ Verständnisfragen

Haben Sie alles verstanden? Mit den folgenden Fragen können Sie das Gelernte schnell prüfen:

[1] Kosten des indirekten Vertriebs fallen indirekt an.
- ☐ richtig
- ☐ falsch

[2] Direkter Vertrieb ist grundsätzlich mit niedrigeren Kosten belastet als indirekter Vertrieb.
- ☐ richtig
- ☐ falsch

[3] Als Channel-Management bezeichnen wir die Gestaltung unterschiedlicher Vertriebswege.
- ☐ richtig
- ☐ falsch

[4] Kosten des indirekten Vertriebs heißen:
- ☐ Protections
- ☐ Promotions
- ☐ Processes
- ☐ Provisionen

[5] Indirekter Vertrieb wird durch interne Dienstleistungen umgesetzt.
- ☐ richtig
- ☐ falsch

[6] GDS steht für:
- ☐ Global Destination System
- ☐ Global Distribution System

✱ Lösungen

Die Lösungen finden Sie online unter
www.utb-shop.de
direkt beim Titel unter „Zusatzmaterial".

9 Kommunikationspolitik

> ✱ Wissen | **Kommunikation**
>
> Die Kommunikation eines Unternehmens umfasst alle Maßnahmen, mit denen das Unternehmen und seine Leistungen internen (z. B. Mitarbeiter) und externen Adressaten (Kunden, Journalisten, Öffentlichkeit etc.) präsentiert werden. Neben der reinen Darstellung wird auch eine Interaktion angestrebt.

Gerade für immaterielle Produkte wie den Tourismus ist die Kommunikation von besonderer Bedeutung. Mit Hilfe von Informationen, Bildern und weiteren Botschaften sollen Einstellungen, Erwartungen, Meinungen und Verhaltensweisen von Kundengruppen, Medien und anderer Öffentlichkeit dergestalt beeinflusst werden, dass das eigene Unternehmen und seine Produkte ein hohes Maß an Bekanntheit und positivem Image besitzen. Vereinfacht lassen sich die Kommunikationsziele als **ADIDAS-Modell** beschreiben:

- **Attention:** Aufmerksamkeit auf das Produkt/Unternehmen lenken, Bekanntheitsgrad erhöhen
- **Determinants:** entscheidende Faktoren des Produkts bestimmen und visualisieren
- **Image:** positive Einstellungen und Emotionen erzeugen, eine Marke aufbauen
- **Desire:** den Kaufwunsch verstärken
- **Action:** Kauf/Buchung auslösen ist das entscheidende Ziel der Kommunikation und des gesamten Marketings!
- **Satisfaction:** Buchungsentscheidung bestätigen und Kundenbindung anstreben

Kommunikationsinstrumente

Zur Zielerreichung stehen für externe Adressaten viele, in ihrer Wirkung sehr unterschiedliche Kommunikationsinstrumente zur Verfügung.

Während die Bedeutung der klassischen Werbung sinkt, wird die **Multimediakommunikation** in Verbindung mit dem Internet und der Verbreitung von Smartphones aufgewertet. Eine Besonderheit stellt hier das **virale Marketing** dar. Botschaften werden so gestaltet, dass sie sich in den **sozialen Medien**, wie YouTube (Video), Facebook, WhatsApp, Instagram (Bilder), Blogs (Text) etc., verbreiten, ohne dass dem Unternehmen Kosten für die Nutzung/Belegung entstehen. Aber Achtung: Auch Negatives wird so schnell verbreitet.

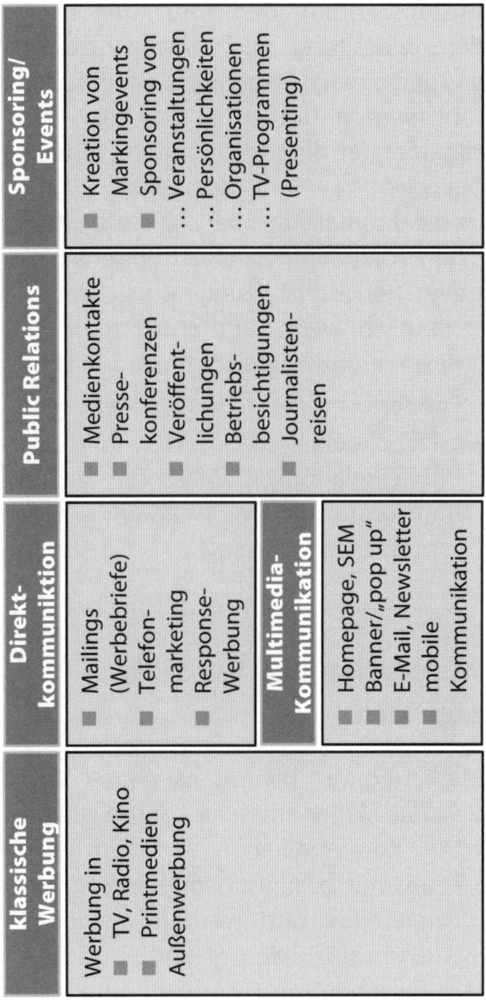

Abb. 12: Kommunikationsinstrumente im Überblick

Im Tourismus kommt den **Journalistenreisen** eine besondere Bedeutung zu. Tourismusorte, Landschaften, außergewöhnliche Hotels etc. können nur persönlich erlebt werden, um sie zu beschreiben. Für Leistungsträger bietet eine Informationsreise der Presse die Möglichkeit zur Selbstdarstellung vor Ort, während für die Journalisten die Chance besteht, eigene Recherchen vorzunehmen; was übrigens nicht immer zu positiver Berichterstattung führt! Seriöse Medien machen deutlich, wenn Autoren zu einer vergünstigten Journalistenreise eingeladen worden sind.

> Eine Sonderform der Öffentlichkeitsarbeit ist die **Krisen-PR**, die eigenen Gesetzen folgt. Notwendig sind Public-Relations-Maßnahmen als Ergänzung zum Sponsoring und Eventmarketing, wenn deren Erfolg optimiert werden soll.

Kommunikation und Vertrieb ergänzen sich

Beim Marketing-Mix kommt es immer auf die Abstimmung der Maßnahmen aus den einzelnen Instrumenten an. Kommunikation und Vertrieb ergänzen sich im Tourismus besonders gut. So hat der **Katalog** eine informierende und werbende Wirkung durch Angebotstexte und Bilder, gleichzeitig dient er aber auch dem Reisebüro als Grundlage und erfüllt damit eine Vertriebsfunktion.

Bei Existenz einer guten Kundedatenbank lassen sich auch **Direktkommunikation** und **Direktvertrieb** gut verbinden; im Idealfall erfolgt nach einer Werbemail eine Buchung. Auf den ersten Blick wiederum nicht ganz einfach ist es, im Internet Werbung und Vertrieb auseinanderzuhalten: Die Homepage schafft Aufmerksamkeit und der angegliederte Webshop dient dem Verkauf.

Kommunikationskonzept/Mediaselektion

Die Kommunikationsziele werden aus den Marktzielen abgeleitet und zusammen mit den Maßnahmen und der Budgetverteilung in einem Kommunikationskonzept festgelegt. Je nach den **Kommunikationszielen**, z. B. ob der Bekanntheitsgrad verbessert, das Image verändert, die Marke besser dargestellt oder der schnelle Verkauf „last minute" gefördert werden soll, sind andere Kommunikationsinstrumente und -maßnahmen gefragt. Welche Medien für welche Maßnahmen ausgewählt werden (**Mediaselektion**), hängt von den Eigenschaften der Kommunikationsmedien ab:

- **Reichweite des Mediums**
  räumliche Verbreitung, Kontaktchancen mit der Botschaft und Anteil der Nutzer, die zur eigenen Zielgruppe gehören

- **Kontaktqualität**
  Funktion des Werbemediums, Ort und Zeitpunkt der Nutzung, Nutzungsdauer
- **Darstellungsmöglichkeiten der Botschaft**
  Text, Foto, Video, Duft etc.
- **Verfügbarkeit**
  Erscheinungshäufigkeit, Dispositionszeitraum
- **rechtliche Beschränkungen**
- **Kosten**
  TKP: Tausend-Kontakte-Preis

Für die Umsetzung der Kommunikationsmaßnahmen steht ein Etat zur Verfügung. Üblich ist z. B. ein **Kommunikationsbudget** als Prozentsatz vom Jahresumsatz. Der Betrag variiert je nach Strategie, Betriebstyp etc. relativ stark; als ungefähre Größenordnung kann man 5 % ansehen.

Ein Unternehmen muss in allen Formen der Kommunikation einen erkennbaren und gleichbleibenden Stil pflegen (**Corporate Communications**, → Kap. 1). Um eine gute Wiedererkennbarkeit zu gewährleisten, ist ein einheitlicher optischer Auftritt notwendig (**Corporate Design**), der von der Verwendung des Markenlogos über die einheitliche Gestaltung von Anzeigen und Prospekten bis zu Namensschildern der Mitarbeiter und der Farbgestaltung in den Verwaltungsgebäuden reicht.

✱ Verständnisfragen

Haben Sie alles verstanden? Mit den folgenden Fragen können Sie das Gelernte schnell prüfen:

[1] Als Mediaselektion wird der vom Kunden genutzte Medien-Mix, der zur Kaufentscheidung führt, bezeichnet.
- ☐ richtig
- ☐ falsch

[2] Man kann nicht NICHT kommunizieren.
- ☐ richtig
- ☐ falsch

[3] Pressearbeit und Journalistenreisen sind besonders wichtige Formen der Kommunikation im Tourismus.
- ☐ richtig
- ☐ falsch

[4] In welchen Fällen ist eine eindeutige Trennung zwischen Kommunikation und Vertrieb möglich?
- ☐ Messeaktivitäten
- ☐ Image-Anzeige
- ☐ Gastgeberverzeichnis
- ☐ Webshop

[5] Jedes Produkt kann in jedem Medium zielgerichtet beworben werden.
- ☐ richtig
- ☐ falsch

[6] Wie sollte ein Kommunikationsbudget NICHT festgelegt werden?
- ☐ Vorgabe vom Chef
- ☐ Anteil vom Umsatz
- ☐ branchenüblich
- ☐ planungsbezogen

✱ Lösungen

Die Lösungen finden Sie online unter
www.utb-shop.de
direkt beim Titel unter „Zusatzmaterial".

10 Marketingkonzeption

Alles ist vernetzt. Alle Strategien und Instrumente aus dem großen **Marketing-Baukasten** hängen unmittelbar zusammen. Isolierte Lösungen und Anwendungen sind grundsätzlich erfolglos.

Jeder Leistungsträger muss für sich unter den gegebenen Bedingungen entscheiden, wie er seine Angebote erfolgreich, d. h. möglichst gewinnbringend am Markt platzieren will. Nichts sollte dem Zufall überlassen werden. Alles sollte so sicher wie möglich geplant werden: Ziele, Strategien und der Marketing-Mix mit den Umsetzungsmaßnahmen. Werden alle Handlungsoptionen präzise geplant und festgelegt, dann wird das „Gesamtpaket" als **Marketingkonzept** verstanden.

Aus der Marketingkonzeption ergeben sich konkrete Handlungsplanungen, die mit Budgets ausgestattet werden müssen.

✱ Wissen | **Budget**

Ein Budget ist eine Einheit (finanzielle Mittel, Zeit), die eine kalkulatorische Obergrenze darstellt, mit der die jeweiligen Ziele erreicht werden müssen.

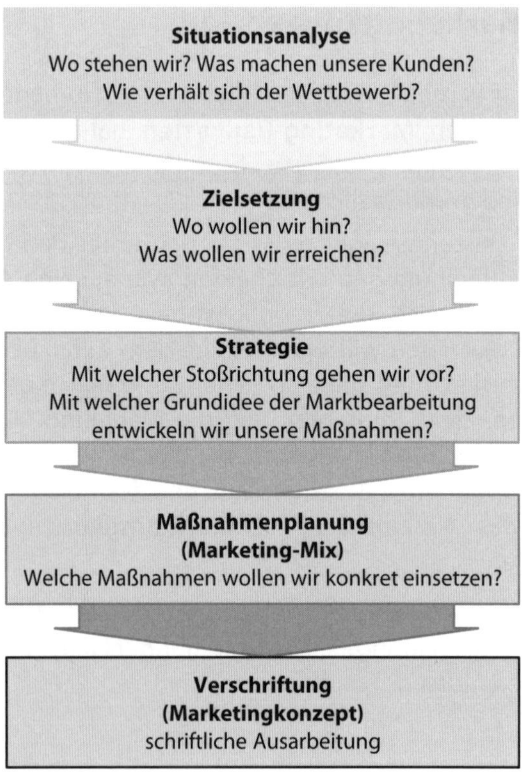

Abb. 13: Aufbau einer Marketingkonzeption

Marketing-Controlling

Mit dem Marketing-Controlling schließt sich der Kreis des Marketings von der Analyse über die Planung, Entscheidung und Umsetzung. Controlling verfolgt nicht nur das Ziel, die Wirkung der eingesetzten Maßnahmen zu überprüfen. Weitaus wichtiger ist das **Lernen** – also zu erkennen, wie Maßnahmen noch besser, effektiver oder effizienter umgesetzt werden können. Das Controlling liefert der Unternehmensführung die nötigen **Kennzahlen** als Entscheidungsgrundlage für die künftige Planung. Diese reichen von internen Werten aus der Buchhaltung (z. B. Soll-Ist-Vergleiche) bis zu externen Daten (z. B. Kundenzufriedenheit, Beschwerdeverhalten, Kundenbindung, Customer Value).

Die einfachste Form des Controllings beginnt mit **Soll-Ist-Vergleichen**. Diese Maßnahme kann erst greifen, wenn ein Projekt bereits umgesetzt wurde. Jedoch liefert sie aussagekräftige Ergebnisse. Das soll ein Beispiel verdeutlichen:

Ein privater Investor hat einen touristischen Betrieb (hier: ein Hotel) eröffnet. Bei seinen Planungen hat er einen Umsatz von 500.000 € bei 5.000 Gästen pro Periode (z. B. ein Jahr) mit einem durchschnittlichen Zimmerpreis von 100 € festgelegt. Nach der ersten Periode hat er festgestellt, dass seine Planungen nicht stimmten. Er hat lediglich 450.000 € Umsatz erzielt, aber 5.500 Gäste bedient.

Umsatzanalyse		
Soll	**Ist**	**Differenz**
500.000 €	450.000 €	- 50.000 €
Absatzanalyse		
Soll	**Ist**	**Differenz**
5.000	5.500	+ 500

Das Problem wird bei einem weiteren Schritt der Analyse bezogen auf den Durchschnittspreis deutlich. Dieser ergibt sich aus der Summe der Umsätze dividiert durch die Anzahl der Zimmerbelegungen in der Periode.

Durchschnittspreisanalyse		
Soll	**Ist**	**Differenz**
100,00 €	81,82 €	18,18 €

Anstatt des geplanten Preises von 100 € konnte der Hotelier nur einen durchschnittlichen Preis von 81,82 € realisieren. Nun gilt es zu prüfen, welche **Gründe** bestehen, dass ein wesentlich geringerer Durchschnittspreis erzielt wurde. Eine Ursache könnte in der geplanten Kundenstruktur liegen. Es könnten mehr Senioren mit rabattierten Seniorenpreisen angesprochen worden sein, mehr Gruppen oder mehr Familien. Es könnte auch sein, dass die Saisonzeiten falsch geplant und mit zu niedrigen Hochsaisonpreisen kalkuliert worden sind (**interne Gründe**).

Aber auch **externe Ursachen** könnten eine Rolle gespielt haben: Das Wetter war schlechter als erwartet und um die geplante Auslastung zu erzielen, mussten verstärkt Schlechtwetterangebote mit niedrigen Preisen gemacht werden. Ebenso könnte ein weiterer Wettbewerber, der mit aggressiver Preispolitik agierte, die Preisplanungen zunichte gemacht haben, wenn der Hotelier der Meinung gewesen ist, sich mit dem Konkurrenten in einen Preiswettbewerb begeben zu wollen.

Nach der Ursachenforschung kann der kluge Unternehmer nun aufgrund dieser Analysen seine Planungen für die kommende Periode anpassen und damit das unternehmerische Risiko minimieren.

✱ Verständnisfragen

Haben Sie alles verstanden? Mit den folgenden Fragen können Sie das Gelernte schnell prüfen:

[1] Marketinginstrumente und Marketingstrategien können exzellent isoliert angewendet werden.

- ☐ richtig
- ☐ falsch

[2] Ein ausführlich ausformuliertes Marketing-Gesamtpaket, das aus Zielen, Strategien und Instrumenten-Mix besteht, wird als Marketingkonzept bezeichnet.

- ☐ richtig
- ☐ falsch

[3] Ein Budget sind bereitgestellte Mittel, die in einer Abrechnungsperiode unbedingt ausgegeben werden müssen.

- ☐ richtig
- ☐ falsch

[4] Marketing-Controlling dient dazu, fehlerhafte Entscheidungen aufzudecken und den Verursacher zu bestrafen.

- ☐ richtig
- ☐ falsch

[5] Kundenzufriedenheitsbefragungen liefern bei systematischer Auswertung kostengünstig Daten und Kennzahlen für das Marketing-Controlling.

- ☐ richtig
- ☐ falsch

✱ Lösungen

Die Lösungen finden Sie online unter
www.utb-shop.de
direkt beim Titel unter „Zusatzmaterial“.

Service

* Glossar

Co-Branding

Kennzeichnung von Produkten mit der Marke mehrerer Unternehmen.

Cross-Marketing

Marketingkooperation mehrerer Unternehmen meist unterschiedlicher Branchen zur Nutzung von Synergien.

Cross-Selling

Marketingkooperation mehrerer Unternehmen zur Nutzung von Synergien im Verkauf.

Customer Journey

Der Begriff wird in einzelnen Branchen unterschiedlich ausgelegt. Grundsätzlich ist damit der Weg zur Kaufentscheidung gemeint. Im Tourismus betrachtet man die ganze Reise mit allen Kontaktpunkten zu den Leistungsträgern/Unternehmen. Siehe auch Kundenpfad.

Customer Value

Wert des Kunden für ein Unternehmen oder eine Destination.

Destination Management Organisation (DMO)

Grundsätzliche Bezeichnung der Organisation, die die Vermarktung einer Destination betreibt.

Global Distribution Systems (GDS)

Globales Computer-Reservierungssystem, insbesondere für die Vermittlung von Flügen, Hotelübernachtungen und Mietwagen.

Kooperenz

Kunstwort bestehend aus Kooperation und Konkurrenz. Bezeichnet wird damit die Notwendigkeit einer Zusammenarbeit von Unternehmen derselben Branche trotz Wettbewerbs, um übergeordnete Ziele zu erreichen.

Kundenpfad

Bezeichnet den Weg des Kunden auf seiner gesamten Reise mit allen Kontaktpunkten zu Leistungsträgern und Infrastruktureinrichtungen. Siehe auch Customer Journey und Servicekette.

Marketing-Mix

Maßnahmenbündel aus den einzelnen Marketinginstrumenten, durch das die Marketingziele (im Rahmen der vorgegebenen Marketingstrategien) auf operativer Ebene erreicht werden sollen.

Megatrend

Bereits existierende, langfristige Entwicklungsströmungen in einer Gesellschaft, die das Leben über Jahrzehnte bestimmen und u.a. den Konsum beeinflussen.

Product Placement

Gezielte Platzierung von Markenprodukten in einem Nicht-Werbe-Umfeld wie z. B. Spielfilmen oder Videospielen (früher: Schleichwerbung"), für die Geld- oder Sachzuwendungen geleistet werden.

SEM – Search Engine Marketing

Bezeichnet Marketingmaßnahmen, mit deren Hilfe Unternehmen, Produkte etc. in Suchmaschinen möglichst an erster Stelle angezeigt werden.

Servicekette

Bezeichnet aus Sicht des Unternehmens den Weg des Kunden auf seiner gesamten Reise mit allen Kontaktpunkten, in denen Serviceleistungen erbracht werden.

TKP (Tausend-Kontakte-Preis)
Kennzahl für die Kosten, die entstehen, um 1000 Personen der gewünschten Zielgruppe mit einer Werbebotschaft zu erreichen. Dient der Mediaselektion.

Uno-actu-Prinzip
Bezeichnet die Tatsache, dass eine Dienstleistung in dem Augenblick konsumiert wird, in dem sie entsteht.

✱ Rätsel

In dem Buchstabengitter auf der folgenden Seite finden Sie **12 Begriffe des Tourismusmarketings**. Die folgenden Aussagen geben Ihnen Hinweise, um diese zu finden:

- the most important thing is …
- betriebswirtschaftliches Instrumentarium zum Lernen und Besserwerden
- Triebfedern des menschlichen Handelns
- Zusammentreffen von Angebot und Nachfrage
- Werte und Normen, an denen Unternehmensaktivitäten auszurichten sind
- Wesensmerkmal aller touristischen Leistungen
- Wettbewerb bei gleichzeitiger Zusammenarbeit
- Startpunkt des Marketing-Managementprozesses
- Leitplanken unternehmerischen Handelns
- langfristige Entwicklungsströmung einer Gesellschaft
- neue Produkte werden auf neuen Märkten angeboten
- Gestaltungsansatz zur Vermittlung von Erlebnissen

D	X	X	C	E	D	A	F	G	G	G	B	N	B	N	Y	X	O	Z	G
A	M	A	R	K	E	T	I	N	G	I	O	M	G	F	F	D	S	D	S
D	A	C	A	Q	W	E	R	T	Z	U	I	O	P	Ü	Ü	H	G	S	I
Z	R	G	I	N	S	Z	I	N	I	E	R	U	N	G	O	O	P	F	T
G	K	B	W	V	J	K	L	Ö	L	J	B	V	C	Y	H	D	U	O	U
S	T	R	A	T	E	G	I	E	L	Ö	F	D	S	G	E	D	U	M	A
D	H	I	W	H	H	A	C	F	G	V	B	N	N	B	O	F	K	Z	T
V	M	I	E	N	B	I	J	Z	F	G	J	B	g	U	Z	H	L	E	I
B	E	D	Ü	R	F	N	I	S	S	E	E	R	T	N	Z	J	I	R	O
C	G	K	E	D	D	I	V	E	R	S	I	F	I	K	A	T	I	O	N
V	A	Ö	R	H	J	K	K	L	L	R	L	Ö	Ä	L	Ä	W	I	J	S
L	T	Q	H	D	F	G	O	J	K	L	K	M	H	E	H	H	S	H	A
R	R	G	H	L	J	C	O	N	T	R	O	L	L	I	N	G	X	K	N
G	E	K	N	A	S	D	P	G	H	J	K	L	Ö	T	B	B	Z	C	A
Z	N	K	L	C	T	Z	E	J	K	L	M	B	C	B	Q	I	I	I	L
E	D	N	R	T	Z	U	R	F	G	H	J	K	L	I	Ö	I	U	Z	Y
D	F	G	E	R	T	Z	E	J	K	L	Ö	Y	X	L	V	B	N	M	S
T	X	U	I	I	N	M	N	S	L	N	T	K	N	D	I	C	U	T	E
G	H	J	K	S	D	F	Z	H	J	K	L	Ö	Ä	O	I	O	K	M	M
D	F	F	G	I	M	M	A	T	E	R	I	A	L	I	T	Ä	T	Z	Z

Literaturtipps

Lehrbücher und Autoren, die Sie kennen sollten:

Es existiert eine unübersehbar große Zahl von Publikationen im Marketing allgemein. Für das Dienstleistungs- und Tourismusmarketing ist das Angebot überschaubarer. Als weiterführende Literatur besonders empfehlenswert ist das Standardwerk *Tourismus-Marketing* von **Walter Freyer**. Hier findet der Leser umfassende Informationen zu jedem erdenklichen Marketingthema im Tourismus. Von **Meffert, Bruhn und Hadwich** ist *Dienstleistungsmarketing* als übergeordnetes Grundlagenwerk beachtenswert, in dem auf wissenschaftliche Grundlagen besonderer Wert gelegt wird. Wen die etwas andere Herangehensweise des anglo-amerikanischen Sprachraums an das Marketing interessiert, kann *Marketing for Hospitality and Tourism* von **Kotler, Bowen und Makens** zur Hand nehmen. Ein guter Tipp sind auch die Veröffentlichungen von **Jochen Becker**; *Das Marketingkonzept* ist kurz und bündig, *Marketingkonzeption* ein ausführliches Standardwerk.

Bezüglich des Tourismus existieren spezielle Publikationen für einzelne Marketinginstrumente und das Marketing der verschiedenen Leistungsträger und Destinationen. Für das Hotelmarketing ist z. B. **Marco A. Gardini** eine gute Adresse und für das Destinationsmarketing die St. Galler Schule um **Thomas Bieger** und **Christian Laesser**. Bemerkenswert ist auch die Publikationsliste von **Harald Pechlaner** zu zahlreichen aktuellen Themen, Tourismusformen und Fragen des Destinationsmanagements. Von **Dreyer** und **Linne** selbst sind es u.a. Veröffentlichungen zur Kundenzufriedenheit und Servicequalität. **Axel Dreyer** hat darüber hinaus mit weiteren Autoren Bücher zu verschieden aktuell relevanten Tourismusmärkten (Radtourismus, Wandertourismus, Weintourismsus) sowie zum Krisenmanagement vorgelegt.

Viel mehr Marketing als der Titel verspricht steckt in *Tourismusgeographie* von **Andreas Kagermeier**. Als Lehrbuch geeignet ist auch *Marketing in Tourismus und Freizeit* von **Rainer Hartmann**.

Index